Suzanne BARBEAU

LES ANGES

Suzanne BARBEAU

LES ANGES

Une étude de la vie spirituelle

Éditions Croix du Salut

Imprint
Any brand names and product names mentioned in this book are subject to trademark, brand or patent protection and are trademarks or registered trademarks of their respective holders. The use of brand names, product names, common names, trade names, product descriptions etc. even without a particular marking in this work is in no way to be construed to mean that such names may be regarded as unrestricted in respect of trademark and brand protection legislation and could thus be used by anyone.

Cover image: www.ingimage.com

Publisher:
Éditions Croix du Salut
is a trademark of
Dodo Books Indian Ocean Ltd. and OmniScriptum S.R.L publishing group

120 High Road, East Finchley, London, N2 9ED, United Kingdom
Str. Armeneasca 28/1, office 1, Chisinau MD-2012, Republic of Moldova, Europe
Printed at: see last page
ISBN: 978-620-6-16978-9

LES ANGES

Suzanne Barbeau

TABLE DES MATIÈRES

CHAPITRE 1

INTRODUCTION AUX ÊTRES SPIRITUELS

Les deux principaux acteurs de la Bible sont Dieu et les humains. Mais il y a aussi un ensemble d'autres personnages appelé êtres spirituels dans les écritures hébraïques.

Quelle perception les anciens auteurs bibliques, à un stade précédent du nôtre dans l'évolution, avaient-ils du monde ? Aux pages un et deux de la Genèse, Dieu ressort l'ordre du chaos en séparant les eaux puis, fait émerger les cieux en haut et la terre ici-bas.

Il est important de tenir présent le processus de l'évolution humaine et il faut se référer ici, tout particulièrement, à l'œuvre du jésuite, théoricien de l'évolution, géologue et paléontologue Teilhard de Chardin. Il fait une réflexion approfondie sur le processus de l'encéphalisation propre à la lignée des primates anthropoïdes.

Dans son essai « *Le Phénomène humain* », il constate l'émergence de la spiritualité humaine à son plus haut niveau d'organisation, c'est-à-dire celle du système nerveux humain, car pour Teilhard, matière et esprit sont deux faces d'une même réalité.

En tant que croyant, chrétien et prêtre de la Compagnie de Jésus, il donne un sens à sa foi chrétienne où l'adhésion personnelle à la véracité du Christ se situe à la dimension de la cosmogénèse, et non plus à l'échelle d'un cosmos statique comme l'entendait la tradition chrétienne se référant à la Genèse de la Bible car, bien évidemment, les manuscrits de la Bible furent écrits il y a presque trois mille ans et donc la vision du monde de la part des écrivains qui rédigeaient manuellement les parchemins était plus primitive du point de vue de leur encéphalisation. Teilhard intègre la sélection naturelle et le hasard des mutations génétiques dans sa synthèse naturaliste

Dans la Bible, ces espaces, le ciel et la terre, ne sont pas séparés. Ils fusionnent. Le jardin d'Éden est décrit, tout au long du livre, comme un jardin au sommet d'une montagne où le ciel et la terre ne font qu'un.

Quant au ciel, Dieu crée d'abord le soleil, la lune et les étoiles pour gouverner le jour et la nuit. Les auteurs bibliques, comme tous les peuples anciens, les voyaient comme des êtres célestes glorieux, étincelants, lumineux et très élevés. Pour eux, les étoiles constituaient la catégorie qui illustrait l'existence d'une réalité spirituelle parallèle à la nôtre. Et tout comme la terre est différente du ciel, ce dernier a une toute autre réalité. Il est peuplé de créatures aux formes différentes des nôtres. Ainsi la plupart des cultures antiques, y compris les anciens israélites, considéraient les étoiles comme des êtres divins. Mais les auteurs bibliques ont précisé que ces êtres ne sont pas Dieu. Ils sont plutôt des images de Dieu, glorieuses et impressionnantes, des reflets du Créateur. Ces êtres existent pour servir les desseins de Dieu.

Donc les étoiles symbolisent des êtres que l'on pourrait définir comme étant l'état-major de Dieu.

Mais Dieu a également établi un autre type de créatures. Les humains appelés *Aphar* en hébreux, ce qui signifie poussière.

Alors le Seigneur Dieu modela l'homme avec la poussière tirée du sol ; il insuffla dans ses narines le souffle de vie, et l'homme devint un être vivant. (Genèse 2 : 7)

Car c'est à partir de cela, la poussière, qu'ils ont été créés.

On a donc, là-haut, de glorieux dirigeants et des êtres chevelus ici-bas. Ceci évoque l'idée de l'évolution.

Et c'est là qu'intervient le grand rebondissement. Dieu dit aux modestes humains qu'ils doivent diriger toute la création. Il les invite à s'élever au-dessus de leurs origines poussiéreuses pour partager sa gloire en tant que partenaires.

Donc Dieu veut gouverner le monde par les biais des humains et non des êtres spirituels. C'est ainsi que le poète du psaume huit a compris le récit de la Genèse.

PSAUME 8

02 Ô Seigneur, notre Dieu, qu'il est grand ton nom par toute la terre ! Jusqu'aux cieux, ta splendeur est chantée
03 par la bouche des enfants, des tout-petits : rempart que tu opposes à l'adversaire, où l'ennemi se brise en sa révolte.
04 À voir ton ciel, ouvrage de tes doigts, la lune et les étoiles que tu fixas,
05 qu'est-ce que l'homme pour que tu penses à lui, le fils d'un homme, que tu en prennes souci ?
06 Tu l'as voulu un peu moindre qu'un dieu, le couronnant de gloire et d'honneur ;
07 tu l'établis sur les œuvres de tes mains, tu mets toute chose à ses pieds :
08 les troupeaux de bœufs et de brebis, et même les bêtes sauvages,
09 les oiseaux du ciel et les poissons de la mer, tout ce qui va son chemin dans les eaux.
10 R/ O Seigneur, notre Dieu, qu'il est grand ton nom par toute la terre !

Ce poète du psaume 8 leva les yeux vers les étoiles et dit :

« *Qu'est-ce que l'être humain pour que tu t'intéresses à lui ? Tu l'as fait de peu inférieur aux êtres spirituels. Tu l'as couronné de gloire et de magnificence.* »

C'est l'appel suprême de l'humanité : régner sur la création dans l'amour et la puissance de Dieu.

Cependant, tout le monde n'est pas content.

On découvre un être spirituel qui ne veut pas que les humains règnent. Il leur a donc fait croire qu'ils pouvaient avoir le pouvoir divin eux-mêmes. Après avoir été dupés, ils pensaient saisir une opportunité.

Ils furent ainsi exilés de la montagne d'Éden et condamnés à errer sur la terre pour retourner à la poussière.

Ce serpent est donc un véritable fléau. En poursuivant la lecture, on découvre qu'il est impliqué dans une rébellion spirituelle qui suit les humains hors d'Éden et, à partir de ce moment-là, les choses commencent à empirer.

Dans leur désir de régner, les humains s'engagent dans un nouveau projet.

Dans la Bible, c'est Babylone. Mais ceci est relatif à l'histoire nationale des hébreux. On peut sans aucun doute dire que c'est l'ennemi, l'envahisseur, en général. Que c'est l'autre.

Les rebelles humains et spirituels s'unissent pour retrouver leur gloire passée. Il faut comprendre aussi l'esprit nationaliste des tribus hébraïques de la Bible, qui en fait est aussi une généalogie, et la situer d'un point de vue historique à l'époque des royaumes d'Égypte et de Babylone.

Maintenant que l'on a tout à l'esprit, on peut mieux comprendre l'ensemble des personnages que l'on retrouve tout au long du récit biblique : Dieu, les humains, et tous les êtres spirituels.

Donc voici un aperçu de ce qui sera l'objet de notre étude.

Nous en apprendrons davantage sur ce qui sera l'état-major de Dieu appelé le conseil divin. On parlera ensuite des anges et des chérubins, figures clés du monde spirituel. Et enfin, d'un ange spécial, appelé l'ange de l'éternel. On analysera aussi les rebelles spirituels dans la Bible, notamment le Satan et les démons. Enfin, on verra comment toutes ces histoires mènent à Jésus-Christ, celui qui triomphe du mal, réunit le ciel et la terre afin qu'une humanité nouvelle puisse collaborer avec Dieu.

LES ANGES

CHAPITRE 2

ÉLOHIM

Pour la plupart des gens, l'histoire de la Bible ne concerne que Dieu et les humains.

Mais il faut se rappeler qu'il y a tout un ensemble de personnages dans la Bible qui jouent un rôle très important.

Il s'agit des êtres spirituels. Les anges, les démons et leurs semblables. Et dans la Bible, ils habitent le royaume des cieux qui est parallèle à notre réalité terrestre et même qui fusionne par endroit.

Tous ces être spirituels possèdent une caractéristique unique et ce qui est fascinant c'est que les auteurs bibliques ont une appellation spécifique qui regroupe tous les habitants du monde spirituel.
C'est ÉLOHIM en hébreu dans l'Ancien Testament et dans le Nouveau Testament, en grec, c'est THÉOS.

ÉLOHIM est le titre associé à la catégorie de tous les êtres spirituels (les anges, les chérubins, des créatures hybrides au physique qui mélange le lion, le taureau, l'oiseau et l'homme, l'ange de l'éternel et aussi le Satan ainsi que les démons).

Les auteurs bibliques soutiennent que parmi les créatures spirituelle, un seul est le créateur de toutes choses (Monothéisme).

CHAPITRE 3

LE CONSEIL DIVIN

Dans toute l'histoire de l'humanité, les gens se disent, en général, qu'une sorte de royaume spirituel coexiste avec le monde que nous connaissons.

Pour les auteurs bibliques, également, le royaume spirituel est un genre de royaume différent du nôtre. Pour souligner cette différence, la Bible désigne l'espace de Dieu, dans l'espace là-haut où existent des corps étincelants : les étoiles qui reflètent l'existence d'êtres spirituels.

Dans la Bible ils sont appelés *Fils de Dieu* ou encore *Domination et autorités* ou bien le *Conseil divin*.

En Genèse I, on découvre le *Conseil divin* c'est-à-dire le soleil, la lune et les étoiles.

Dieu partage son règne avec ses partenaires humains sur la terre et répartit parallèlement son autorité jusqu'à ce que tout s'effondre dans une double rébellion : les hommes veulent diriger la terre à leur manière alors ils commencent à construire leur propre nation selon leur propre définition du bien et du mal.

Telle est l'histoire de la construction de Babylone. C'est cette idée que ce progrès matériel, cette ambition, s'obtiennent par la force et la destruction des autres.

Lorsque les auteurs bibliques tels que Moïse ou Esaïe se sont intéressés aux origines de Babylone, ils y ont vu bien plus qu'une rébellion humaine : ils y ont perçu une rébellion spirituelle. Faisons attention encore une fois au noms, « *auteurs bibliques* » ou encore « *Babylone* », ce qui pourraient justifier certains conflits actuels qui sont tout-à-fait et absolument injustifiables. Rappelons que le véritable combat se fait sur soi-même, en tant que travail d'ascèse spirituelle.

Sinon c'est la destruction totale.

Pour reprendre l'argument des manuscrits, certains membres du conseil divin ne voulaient plus également représenter l'autorité de Dieu. Ils voulaient être Dieu et se sont alors rebellés.

Donc ces créatures ont trompé les humains en les incitant à les adorer eux au lieu d'adorer le créateur.

Ainsi, pour les écrivains hébreux qui ont rédigé les manuscrits bibliques, Babylone devint le symbole biblique illustrant la rébellion humaine et spirituelle, puisque c'était le territoire ennemi. Les babyloniens étaient chefs de file de l'écriture à l'époque, leur technologie était puissante et à l'avant-garde. Le peuple hébreux, déporté à Babylone, avait bien observé, d'un œil critique, les babyloniens.

Dieu dispersa le peuple de Babylone à travers différentes nations. Dans le livre du Deutéronome, Moïse déclare : « *C'est à ce moment-là que Dieu a également dispersé les rebelles du conseil divin.* »

Alors les nations se livrèrent aux dominations spirituelles. En effet, voilà pourquoi les prophètes bibliques, en considérant les empires violents de leur époque, perçurent deux dimensions à tout ce chaos et ces injustices.

Les rebelles humains étaient corrompus par l'adoration des rebelles spirituels ayant pour idoles **l'argent, le sexe, et la puissance militaire**[1].

En effet, quand les humains font allégeance à ces valeurs matérielles, quand ils se confient totalement à ces pouvoirs, cela engendre un monde comme le nôtre.

Un exemple typique est l'histoire de l'Exode où l'on nous dit que le génocide égyptien des israélites a été inspiré par le pharaon et par les dieux de l'Égypte.

Lorsque Dieu a sauvé les israélites d'Égypte et de ses dieux, il les a invité à devenir ses partenaires d'alliance avec les **dix commandements** et à apprendre à s'auto-diriger personnellement : les israélites sont d'accord mais en finale, **ils ne respectent pas les clauses du partenariat**. Et c'est encore le cas à l'heure actuelle.

À cause de cela, ils se retrouve exilés à Babylone, où ils redeviennent esclaves d'une nation étrangère et sont également dominés spirituellement. C'est

---

[1] Et c'est exactement ce que le peuple israélite lui-même est en train de commettre envers la population gazaouie, en réponse à des attaques terroristes du Hamas.

Dans l'histoire des Palestiniens, le nombre de morts et les souffrances endurées à la suite des opérations militaires israéliennes sont d'une ampleur inédite. Les bombardements sur Gaza tuent plus de 25 490 personnes, blessent 62 108 habitants de ce territoire, en majorité des civils. Israël impose le déplacement de plus de 1,9 million de personnes (85 % de la population) du nord vers le sud et au moins 7 000 personnes sont portées disparues. (https://fr.wikipedia.org/wiki/Guerre_Isra%C3%ABl-Hamas_de_2023-2024#:~:text=Les%20bombardements%20sur%20Gaza%20tuent,000%20personnes%20sont%20port%C3%A9es%20disparues.) au 9 février 2024.

L'opération initiale appelée *opération Déluge d'al-Aqsa* (en arabe : الأقصى طوفان عملية Amaliyyat Ṭūfān al-Aqṣā) par ses instigateurs consiste en une série d'attaques terroristes lancées depuis la frontière entre la bande de Gaza et Israël par le Hamas, appuyé par le Jihad islamique palestinien, le Front populaire de libération de la Palestine et le Front démocratique pour la libération de la Palestine. Après le tir de plusieurs milliers de roquettes Qassam sur Israël, la barrière entre la bande de Gaza et Israël est enfoncée et plus de 3 000 assaillants palestiniens envahissent plus de vingt villes et kibboutz de l'enveloppe de Gaza, faisant environ 1 200 morts (dont environ 800 civils) avant de prendre 240 civils israéliens et étrangers en otage au moins.

là qu'intervient l'histoire de Jésus. Il a dit être venu pour sauver le monde et l'arracher aux rebelles. Mais quels rebelles ? Humains ou spirituels ? En fait, pour Jésus, tout était lié. Lorsqu'il a marché vers Jérusalem pour la Pâque, il est venu pour vaincre toutes les autorités et dominations rebelles. Et il l'a fait en offrant sa vie.

C'est donc ce que voulait dire l'apôtre Paul lorsqu'il a déclaré que Jésus a dépouillé les dominations et les autorités en triomphant d'elles par la croix.

En effet, Jésus a condamné notre mal en permettant aux rebelles de déchaîner toute leur haine et leur méchanceté sur lui.

Mais ensuite, il en a triomphé par la puissance de son amour et de sa résurrection.

Ensuite Jésus a dit à ses disciples que désormais toute autorité dans le ciel et sur la terre lui a été donné.

C'est le partenaire idéal, à la fois humain et divin. Et les apôtres ont invité tout le monde à faire allégeance au Jésus ressuscité pour découvrir la liberté et **le nouveau mode de vie humain**[2].

Bien que Jésus ait remporté une victoire décisive sur les puissances rebelles, il ne les a pas détruites. Elles rôdent toujours autour de nous pour créer des problèmes.

L'apôtre a affirmé que le véritable ennemi de l'humain n'est pas son semblable mais plutôt les **forces spirituelles qui suscitent ses idoles culturelles et attisent la haine, la division et la violence.**

---

[2] La PAIX, dans une vie matérielle relativement brève, et NON la GUERRE, inutile.

Ce qui signifie que lorsque je vois des gens en blesser d'autre, cela veut dire qu'ils sont inspirés par les rebelles du conseil divin. Comment combattre ce genre d'ennemis ? **L'apôtre Paul nous recommande de résister en revêtant pour armure les traits de caractère de Jésus comme la fidélité, la justice et <u>la paix</u>**. Il dit que notre seule arme est la parole de Dieu.

COMMANDEMENTS DU MONT SINAÏ

1. Tu aimeras Dieu par-dessus-tout
2. Tu ne prononceras pas le nom de Dieu en vain
3. Tu sanctifieras les fêtes
4. Tu honoreras ton père et ta mère
5. Tu ne tueras pas
6. Tu ne commettras pas d'actes impurs
7. Tu ne voleras pas
8. Tu ne porteras pas de faux témoignage ni ne mentiras.
9. Tu ne te laisseras pas aller à des pensées ou désirs impurs
10. Tu ne devras pas convoiter la propriété d'une autre personne

COMMANDEMENT DE JÉSUS

AIME DIEU PAR-DESSUS TOUTES CHOSES ET TON PROCHAIN COMME TOI-MÊME.

Marc Chagall

Marc Chagall

CHAPITRE 4

LES ANGES ET LES CHÉRUBINS

En étudiant les êtres spirituels dans la Bible, nous avons appris que Dieu habite le royaume des cieux, mais pas tout seul. Il y a tout son état-major que la Bible appelle le Conseil divin.

Mais la Bible mentionne encore d'autres habitants du monde spirituel, comme les chérubins et les anges.

Les chérubins

La figure originale des chérubins est une « créature de sainteté », au physique qui mélange le lion, le taureau, l'oiseau et l'homme.

L'expression hiérarchie céleste désigne, dans la théologie chrétienne, une stratification systématique des créatures angéliques. La classification des anges selon Thomas d'Aquin est reconnue par le magistère de l'Église catholique.

Chérub(in) selon le monde sémite (dont l'interprétation juive des anges, créatures de sainteté

Le mot « *chérubin* » vient du latin ecclésiastique *cherub* (pluriel cherubin), transcription de l'hébreu כרוב (kerūv), pluriel כרובים (keruvīm). Mais le terme serait d'origine assyrienne. Dans cette langue, « kéroub » ou « karibu » signifierait « *celui qui prie* » ou « *celui qui communique* ».

En Assyrie, le taureau ailé ou « *kéroub* » était souvent placé au seuil des temples et des palais.

Dans la Bible, les chérubins sont décrits comme des créatures hybrides, une sorte de combinaison de différents animaux, et à chaque apparition leur aspect change légèrement. Ils montent la garde à la frontière entre le ciel et la terre.

La première fois que les chérubins apparaissent dans l'histoire de la Bible, ils se tiennent à l'extérieur du jardin d'Eden. Ils gardent l'entrée de sorte que les humains rebelles n'y aient plus accès. Mais l'histoire biblique raconte comment Dieu veut que nous revenions dans sa présence.

Dans ces deux espaces, les chérubins étaient peints et gravés partout, rappelant aux prêtres qu'ils travaillent dans la présence de Dieu. Ils y voyaient un coffre en or, appelé Arche de l'alliance, et là-dessus se trouvaient deux chérubins. En fait, les auteurs bibliques ont décrit l'arche comme le marchepied du trône de Dieu porté par les chérubins.

La lutte de Jacob et de l'ange de Rembrandt

CHAPITRE 5

L'ANGE DE L'ÉTERNEL

Dans la Bible, la réalité est composée de deux royaumes qui fusionnent par endroits : Les cieux et la terre. Notre domaine et le domaine de Dieu

Et bien que la vie sur terre puisse sembler ordinaire, il peut nous arriver d'expérimenter le ciel ici-bas. En effet, c'est arrivé très souvent dans la Bible. Et quand cela se produit, c'est souvent dû à une rencontre avec un personnage fascinant appelé l'Ange de Yaweh ou, dans la plupart des traductions de la Bible, l'Ange de l'Éternel.

On a déjà parlé des anges : ce sont des messagers spirituels qui accomplissent des missions de la part de Dieu. Mais l'Ange de l'éternel n'est pas un ange quelconque. Chaque fois qu'il apparaît, il est décrit d'une manière délibérément déconcertante, qui nous pousse à nous demander : s'agit-t-il d'un ange envoyé délibérément par Yaweh ou de Yaweh lui-même ? Par exemple, dans l'histoire de la Genèse, il y a l'histoire d'Agar[3]. On pourrait dire que l'Ange,

---

[3] Agar est un personnage de la Genèse, Agar est une noble égyptienne, servant à la cour du Pharaon, qui décide de suivre Abraham et sa femme Sarah, femme et demi-sœur d'Abraham. Sarah offre Agar à son époux car leur union est jusque-là stérile.
Agar tombe enceinte et méprise dès lors Sarah, qui la maltraite en retour. Sentiment tout-à-fait humain dans le contexte.
Agar fuit dans le désert, où l'ange du Seigneur la trouve, lui dit de rentrer et d'obéir à Sarah. Il lui prédit une descendance nombreuse et lui dit d'appeler son fils Ismaël car Dieu a entendu son humiliation. Cette rencontre a lieu au puits Lakhaï-roï (« au vivant qui me voit »), entre Qadès et Béréd.

à la fois distinct de Yaweh, est Yaweh lui-même. Également dans d'autres chapitres de la Bible, des prophètes comme Ésaïe, Ezéchiel ou Daniel ont un aperçu du domaine de Dieu. Et ce qu'ils voient, c'est un être d'apparence humaine, baigné de gloire, assis sur le trône : Yaweh ou l'Ange de Yaweh, qui sont la même personne. Dans la célèbre histoire de Moïse et du buisson ardent, où le berger fait paître son troupeau, l'Ange de Yaweh apparaît à Moïse. Dieu l'appelle au milieu du buisson. Plus tard Yaweh apprend que la personne qui lui est apparue dans le buisson ardent est la même qui a conduit le peuple d'Israël hors d'Égypte[4]. L'Ange de l'Éternel est aussi Jésus.

———————————————

Agar enfante Ismaël alors qu'Abraham a 86 ans.
Sarah donne finalement à Abraham un fils, Isaac.
Ismaël et Isaac sont élevés ensemble. Mais Sarah demande à Abraham qu'Agar soit chassée avec son fils Ismaël, car elle ne veut pas qu'Ismaël hérite avec Isaac.
Abraham est attristé par la demande de sa femme, Ismaël étant son fils.
Dieu parle à Abraham et lui demande de respecter la demande de Sarah, Agar et Ismaël sont chassés par Abraham.
Munis de pain et d'une outre d'eau qu'Abraham leur a donnés, ils errent dans le désert de Beer-Sheva. Lorsque l'outre est vide, Agar pose son enfant sous un arbuste, puis s'en éloigne pour ne pas assister à sa mort et sanglote.
À nouveau, Dieu entend et voit la détresse d'Agar, il envoie son ange pour la rassurer et lui fait voir un puits, auquel elle remplit l'outre pour son garçon Ismaël. Agar et Ismaël s'installent au désert de Paran, et plus tard, Agar marie Ismaël à une Égyptienne.
[4] L'esclavage et la sortie d'Égypte
Les Hébreux avaient fui le pays de Canaan à cause de la famine. À l'époque de la naissance de Moïse, ils étaient esclaves en Égypte. La mère de Moïse veut sauver son fils, car le pharaon voulait faire tuer tous les bébés hébreux. Elle le place dans un panier en osier, qu'elle met à l'eau sur le Nil. Moïse est alors adopté par la fille du pharaon.
Moïse grandit. Un jour, il tue un Égyptien qui battait un Hébreu. Il s'enfuit alors dans le désert, où il vit de longues années et où il se marie avec une femme de la tribu de Madian, des bédouins. Au bout de longues années dans le désert, Dieu, dans le buisson ardent, lui dit d'aller libérer les esclaves hébreux. Moïse s'y rend. Il demande au pharaon de libérer le peuple des Hébreux, mais celui-ci refuse. Une succession de malheurs frappe alors le

---

pharaon et le peuple égyptien : ce sont les dix plaies d'Égypte. Tous les Hébreux font leurs bagages. Mais le pharaon change d'avis et les fait poursuivre par son armée. Arrivés à la mer Rouge, ils ne peuvent plus avancer : ils sont bloqués par les eaux de la mer.
La réception des Dix Commandements. Moïse et son peuple arrivent au pied du mont Sinaï. Il lui remet le Décalogue, gravés sur les Tables de la Loi. Ces commandements sont les principales règles du judaïsme.

CHAPITRE 6

LE SATAN ET LES DÉMONS

En Genèse 1, Dieu fait sortir un bel ordre à partir des ténèbres et du désordre.

En Genèse 3, on découvre une créature qui est en rébellion contre ce bel ordre. On ne nous dit pas pourquoi.

C'est un esprit rebelle qui a pour mission de saboter le bon monde de Dieu pour pénaliser les autres créatures.

C'est la première créature représentant le Mal dans la Bible. Elle déforme ce que Dieu a destiné au Bien en détruisant tout sur son passage, pour faire régresser la création au stade du désordre et des ténèbres. Alors les humains se joignent au rebelles spirituels ce qui les ramène dans le chaos et la mort.

À partir de ce moment la rébellion humaine est couplée à une rébellion spirituelle. Et l'histoire biblique montre comment ce phénomène se reproduit à plusieurs reprises.

Livre de la Genèse chapitre 6 :

LIVRE DE LA GENÈSE

01 Quand les hommes commencèrent à se multiplier sur la terre et qu'ils eurent des filles,

02 les fils des dieux s'aperçurent que les filles des hommes étaient belles. Ils prirent pour eux des femmes parmi toutes celles qu'ils avaient distinguées.

03 Alors le Seigneur dit : « Mon souffle n'habitera pas indéfiniment dans l'homme : celui-ci s'égare, il n'est qu'un être de chair, sa vie ne durera que cent vingt ans. »

04 En ces jours-là, et même plus tard, il y avait des géants sur la terre. Les fils des dieux s'approchaient des filles des hommes et elles en avaient des enfants : ce sont les héros du temps jadis, des hommes de renom.

05 Le Seigneur vit que la méchanceté de l'homme était grande sur la terre, et que toutes les pensées de son cœur se portaient uniquement vers le mal à longueur de journée.

06 Le Seigneur se repentit d'avoir fait l'homme sur la terre ; il s'irrita en son cœur et il dit :

07 « Je vais effacer de la surface du sol les hommes que j'ai créés – et non seulement les hommes mais aussi les bestiaux, les bestioles et les oiseaux du ciel – car je me repens de les avoir faits.»

Dans Genèse 6, après le serpent, on a la rébellion des fils de Dieu. On apprend qu'ils ont des relations sexuelles avec des femmes qui donnent ensuite naissance à des géants qui se révèlent de violents guerriers, les nephilims.

Les nephilims (en hébreu : הנפלים) sont des personnages de la Bible qui sont le résultat de l'Union entre les descendants de Seth, troisième fils d'Adam et les descendantes de Caïn (autre fils d'Adam) dans le sixième chapitre de la Genèse. Les descendants de Seth étant la descendance juste, ils sont appelés « fils de Dieu » ; la descendance de Caïn s'étant éloignée de Dieu, elle est appelée « filles des hommes ».

Certains rabbins disent plutôt qu'il s'agit de personnages issus d'unions entre des anges déchus et des humains; d'autres disent que les nephilims sont les enfants d'un ange et d'un démon. Le mot « nephilim » apparaît deux fois dans la Torah – ou Pentateuque – (Gn 6. 4 et Nb 13. 33), où il est souvent traduit par «

géants », mais parfois rendu tel quel. C'est la forme plurielle du mot « nephel » ou « nāphîl » en hébreu. Selon les interprétations, le mot « nephilim » pourrait signifier « ceux qui sont tombés », « ceux qui tombent » (des anges déchus), ou « ceux qui font tomber » (qui corrompent les âmes des hommes).

Ces géants, ces rois ne devraient pas être adorés mais ils le sont. L'un d'eux a pris l'initiative de construire la ville de Babylone. Oui, Nimrod, dont le nom ressemble au nom hébreux pour « rebelle ».

Mais Dieu anéantit cette rébellion. Et dans le Deutéronome, quand Moïse revient sur cette histoire, il révèle que c'est le moment où Dieu a livré les nations à ces rebelles de l'armée des cieux. C'est ainsi qu'elles se retrouvent à adorer les **idoles de l'argent, du sexe et de la puissance militaire**. Ces rebelles exploitent aussi les individus Moïse est le premier à les appeler les démons, c'est-à-dire les êtres spirituels inférieurs. Les démons sont donc des forces spirituelles occultes à l'œuvre dans les coulisses du pouvoir corrompu. Dans la Bible, ils travaillent également au niveau individuel en incitant et en exploitant la cupidité et l'égoïsme des humains ainsi que la faiblesse de nos corps mortels. Les forces du mal sont impliquées dans tout ce qui entraîne la bonne création de Dieu, elles sont le désordre, les ténèbres et la mort. Quand Jésus est entré en scène, il a dit que son principal ennemi n'était pas humain. **Il percevait toute la douleur** et la souffrance du bon monde de Dieu comme un signe de sa captivité à la mort et aux forces du mal. Jésus était conscient que le seul moyen de sortir de cette déchéance cosmique est de vaincre le mal et la mort elle-même.

CHAPITRE 7

LA TRANSGRESSION ET LA SAINTETÉ

QU'EST-CE QUE LA TRANSGRESSION ?

La transgression est l'action de transgresser, de ne pas respecter une obligation, une loi, un ordre, des règles. Par extension, une transgression désigne le fait de :

- ne pas se conformer à une attitude courante, ou interprétée comme naturelle,
- progresser aux dépens d'autre chose, d'empiéter sur quelque chose, d'envahir,
- dépasser une limite, ou ses limites,
- d'aller contre ce qui semble naturel.

D'un point de vue conceptuel, la transgression signifie traverser la limite pour atteindre l'illimité. La transgression ne s'oppose pas à une limite mais elle franchit toutes les limites dans leur principe, c'est-à-dire qu'elle affirme la possibilité de vivre autrement.

C'est l'acte de dépasser toutes limites (tabous par lesquels l'humain se distingue).

LE TABOU

En **ethnologie**, un tabou est un acte interdit parce que touchant au sacré, et dont la transgression est susceptible d'entraîner un châtiment surnaturel.

Cannibalisme au Brésil en 1557

Hans Staden, (1525 – 1579), est un soldat et un aventurier allemand qui fut fait prisonnier, au Brésil, par une tribu tupinamba qui pratiquait l'anthropophagie rituelle.

Il resta neuf mois captif des Tupinamba qui promettaient régulièrement de le dévorer. Il put toutefois s'échapper et retourner en Europe en 1555 pour écrire le récit de ses aventures.

Le **tabou** est un phénomène religieux qui peut être vu comme la forme négative du sacré. Il exprime à la fois son caractère contagieux et dangereux. Il comprend trois éléments : une croyance dans le caractère impur ou sacré de telle personne ou de telle chose ; une prohibition : l'interdiction de toucher ou d'user de cette personne ou de cette chose ; la croyance que la transgression de cet interdit entraîne automatiquement la punition du coupable, qui verra, par exemple, son corps enfler ou dépérir ; il aura un accident, perdra ses récoltes ou bien ses parents mourront. La transgression du tabou est punie de mort ou au moins d'ostracisme.

Le tabou, toujours en tant que phénomène religieux, peut aussi être vu comme un avertissement : une chose, une personne est chargée de puissance. La violation du tabou n'entraîne pas forcément un châtiment mais une réaction de la puissance.

Le premier tabou de l'humanité est le tabou de l'endogamie : interdiction d'avoir des relations sexuelles avec sa parentèle. Il évoluera ensuite en tabou de l'inceste avec la complexification des sociétés humaines consécutives à son application. Ce tabou de l'inceste semble issu des groupes tribaux et pourrait être fondé sur les lois de la génétique ; il est devenu loi quasi-universelle. Il interdit des mariages ou simplement des unions entre personnes ayant des liens de consanguinité. Ce tabou n'est pas spécifique de l'espèce humaine, il a été retrouvé dans le monde animal, en particulier chez le chimpanzé commun.

LA TRANSGRESSION

Elle se distingue des idées de faute et de péché.

- La faute est le refus de la norme éthique, c'est l'acte de refuser une limite fixant l'appartenance à une communauté humaine ;
- Le péché est une distance religieuse face au divin.

Éthique et psychologie

Transgresser, c'est en quelque sorte franchir le Rubicon éthique ou moral, ne pas respecter une loi, ne pas se conformer à des règles considérées comme acquises, intégrées et acceptées de tous, franchir une limite, une ligne interdite, le plus souvent sciemment, en remettant en question de manière constante et parfois ironique, la ou les règles que l'on bafoue ainsi ostensiblement.

Se situer par rapport à une éthique

En effet, la transgression a parfois un côté ostentatoire : on transgresse aussi pour se faire remarquer, on enfreint une loi pour être vu et identifié comme un élément réfractaire, voire rebelle ou dissident, pour se situer par rapport à un système de valeur et par rapport à une éthique, un ensemble de règles de comportement.

Formation de la personnalité

En psychologie, chez l'enfant et chez l'adolescent, la tendance à la transgression des règles correspond à un stade important de formation de la personnalité et de développement intellectuel (elle peut même être liée à l'apparition d'un véritable esprit critique, car elle remet alors en cause la légitimité d'un système de valeur considéré auparavant comme allant de soi, évident, naturel et nécessaire).

Elle peut également être une manière, en particulier pour l'enfant, de tester les limites de ce qui est permis, de ce qui est possible. Voire de tester la résistance de ses parents, de ses tuteurs ou de ses "maîtres"...

L'acte transgressif appelle et demande souvent une sanction. Il peut parfois servir, en "négatif", à l'identification et à la reconnaissance des règles de conduite et des principes moraux que l'on a voulu enfreindre, voire à l'acquisition des notions de bien et de mal.

Acte transgressif et système de valeur

Par ailleurs, transgression et système de valeur vont de pair et ne se conçoivent pas l'un sans l'autre: lorsqu'on transgresse, c'est toujours par rapport à un système de valeur donné, que l'on tend alors à dépasser ponctuellement et auquel, par là même, on est amené à se référer. L'acte transgressif affirme donc l'existence de principes moraux et de règles de conduite qu'il remet en question (si la règle disparaissait, la transgression n'aurait plus de raison d'être et disparaîtrait à son tour).

LA SAINTETÉ

Pour la plupart des gens, l'idée de sainteté traduit le fait d'être une personne de bonne moralité car Dieu est saint parce qu'il est moralement parfait.

Cependant, dans les manuscrit bibliques, l'idée de sainteté est bien plus vaste et plus riche.

Concrètement, ce terme décrit le fait que Dieu est la force créatrice de tout l'univers et, dans l'absolu, le seul être capable de créer un monde rayonnant d'une telle beauté qui fait de lui un être unique.

Ceci est le sens véritable du mot SAINT.

Pour bien comprendre la sainteté de Dieu on pourrait le comparer au soleil.

Le soleil est unique du moins dans notre système solaire et en plus d'être très puissant il est la source de toute forme de vie qu'on peut apprécier sur notre planète

On pourrait donc qualifié le soleil de SAINT.

On peut même pousser la comparaison encore plus loin en disant que la zone autour du soleil est tout aussi sainte car plus on se rapproche du soleil plus son intensité se ressent.

Ce concentré de puissance et de bonté qui est la source de vie se trouve à être tout aussi dangereux.

À vouloir se rapprocher du soleil d'un peu trop près on finit consumer.

Et ce même paradoxe applique à la sainteté de Dieu car pour celui qui est un pur, la présence de Dieu devient dangereuse non parce que sa sainteté est mauvaise mais bien au contraire c'est parce que son extrême pureté consume toute impureté.

C'est dans l'histoire de Moïse et le buisson ardent qu'on perçoit pour la première fois ce paradoxe sur la sainteté de Dieu.

Dieu dit à moïse doter ses sandales parce qu'il se tient sur une terre sainte et Moïse se couvrent le visage terrifié.

Dieu dit :

_« *Ne t'approche pas d'ici* ».

L'intensité de la sainteté de Dieu et mieux développé dans le récit lié au Temple d'Israël, qui était le lieu par excellence où résidait la sainte présence de Dieu.

Au milieu du temple se trouvait cette salle appelée le lieu très sain qui était le siège de la présence de Dieu. Ainsi, pour tout israélite vivant tout près du temple où tout sacrificateur officiant dans le temple, le fait d'être à proximité de la sainte présence de Dieu pouvait être dangereux.

Les manuscrit de la Bible écrivent que, pour éviter cela, il faut se présenter dans un état de pureté. De pureté morale, certes, c'est assez facile à comprendre mais la Bible s'attarde beaucoup plus sur un autre genre de pureté.

Elle insiste sur la pureté rituelle, consistant à éviter tout contact avec ce qui est relié à la mort comme de toucher aux personnes atteintes de maladies de la peau ou au cadavre ou même à certains fluides corporels.

Ce qui est dangereux c'est de s'aventurer dans la présence de Dieu dans un état d'impureté.

Voici pourquoi Dieu a donné aux élites les instructions très claires pour identifier les différentes étapes d'impuretés ainsi que les étapes de purification leur permettant de retourner à nouveau dans le temple.

C'est bien ce dont il est question dans le *Livre du Lévitique*.

Ce principe ne cesse de se développer.

Beaucoup plus tard, dans les Écritures, le *Livre du prophète Esaïe* raconte cette vision étrange où il se trouve dans le temple directement dans la présence de Dieu ce qui le terrifie complètement.

Esaïe connaît les règles, il sait qu'il n'avait même pas le droit de se trouver là alors il craint pour sa vie.

Ensuite il y a cette créature très étrange appelé Séraphin qui, avec une braise, déclare que la faute d'Esaïe est enlevée et qu'il est alors purifié.

Quand une personne touche quelque chose d'impur son impureté lui est transférée mais ici le principe est inversé : la braise lui transfère sa pureté.

La sainteté de Dieu ne détruit pas Esaïe mais le transforme.

Les applications de cette inversion sont tout simplement énormes.

Il existe un autre exemple avec Ezéquiel, un autre prophète qui a cette vision dans laquelle il se tient debout dans le temple et voit de l'eau ruisseler sur le sol puis cette eau se transforme en courant qui devient ensuite un grand fleuve qui se répand dans le désert en faisant germer sur son passage tout une haie d'arbres verts avant de se déverser dans la mer Morte pour redonner vie et vigueur à tout ce qui s'y trouve.

Ainsi au lieu de devoir se purifier avant d'aller au temple ici c'est la sainteté de Dieu qui jaillit du temple pour purifier et redonner vie aux choses.

La signification de ces faits racontés dans les manuscrits bibliques n'est pas bien claire jusqu'à ce que l'on découvre cet homme, Jésus, qui déclare être celui qui accomplit toutes les visions depuis l'antiquité.

Cependant, il le fait d'une manière surprenante, dans ses déplacements. Jésus touche les personnes impures comme des lépreux, une femme aux saignements chronique et même les morts et lorsque ces personnes sont touchées, au lieu de voir leurs impuretés transféré à Jésus c'est plutôt la pureté de Jésus qui leur est transférée.

Jésus est comme cette sainte braise de la vision d'Esaïe, il déclare être l'incarnation de la sainteté de Dieu et que ses disciples et lui sont désormais le temple de Dieu et qu'ainsi, à travers eux, la sainte présence de Dieu se répand dans le monde, apportant la vie la guérison et l'espoir.

La dernière vision liée à la sainteté de Dieu est rapportée par un dénommé Jean.

Dans sa vision voit le monde entier complètement renouvelée et toute la terre qui sert désormais de temples à Dieu.

Il y a aussi le fleuve d'Ezéchiel qui ruisselle depuis la présence de dieu pour imprégner toute la création ôter toute impureté et tout ramener à la vie.

CHAPITRE 8

L'HUMANITÉ NOUVELLE

Dans l'histoire de la Bible, il existe deux royaumes : la terre où nous vivons et les cieux où Dieu habite.

Nous avons parlé des êtres spirituels : Élohim, le conseil divin, les anges et les chérubins, le Satan et les démons.

La dernière catégorie de personnages à étudier est l'humanité.

Il faut savoir que les humains ne sont pas des êtres spirituels. En Genèse 1 et 2, ils sont faits de poussière, comme les animaux. Mais notons que Dieu appelle les humains à s'élever à une dimension supérieure. Il les établit donc pour vivre et régner en Éden, lieu où le ciel et la terre sont un.

Puis ils sont invités à manger de l'arbre de vie. Mais qu'est-ce que cela signifie ?

Cela symbolise de recevoir la vie éternelle de Dieu en nous. C'est adopter une existence d'un tout nouveau genre.

S'agit-il d'êtres physiques vivant pour toujours ?Comment cela est-il possible ?

Dans une certaine mesure, participer à la vie de Dieu transforme nos corps de sorte que nous pouvons demeurer à la fois au ciel et sur terre.

Et cela transforme également notre imagination. Cela nous permet de diriger le monde comme Dieu, **<u>par la puissance de l'amour</u>.**

C'est extraordinaire comme appel. Sauf qu'un rebelle spirituel a vite fait de tromper l'humanité. En effet, il ment aux humains en leur disant qu'ils peuvent régner et avoir la vie éternelle selon leur propres conditions. Et après cela, Dieu les a tous exilés du jardin. Ils sont privés de la source véritable de toute vie. Le mal et la mort ont maintenant un pouvoir sur nous et nous vivons dans un **monde régi par la peur, l'instinct de conservation et la violence.**

Mais Dieu promet qu'un jour, un humain viendra détruire le mal à sa racine et ouvrir **une nouvelle voie, unissant à nouveau le ciel et la terre.**

Et cette promesse s'accomplit en Jésus.

Effectivement, quand on nous présente Jésus, il est humain mais aussi bien plus car Jésus et l'humanité sont devenus un, de manière à restaurer le reste de l'humanité dans son appel perdu.

Mais on se demande : Jésus a-t-il été tenté par ce même être spirituel trompeur ?

Oui, mais non pas dans un jardin, mais dans le désert. Cet être trompeur lui sert le même mensonge : « *Tu pourrais régner sur le monde entier maintenant si tu te soumettais à mon autorité et faisais les choses à ma façon* » dit-il à Jésus.

Mais Jésus savait que ce mensonge menait à la mort. Il l'a donc rejeté et il a vaincu la domination spirituelle du Mal.

Ensuite, Jésus a commencé à annoncer que Dieu ferait venir son royaume des cieux ici, sur terre, par son intermédiaire. Ainsi, il allait de lieu en lieu, triomphant du pouvoir de la mort à travers ses guérisons et ses délivrances. Jésus ouvrait le chemin de retour vers la vie éternelle, pour que nous puissions régner avec Dieu et devenir des humains. Il a également renouvelé notre imagination en enseignant comment des puissances spirituelles corrompues asservissent des communautés entières avec leurs mensonges.

Des mensonges tels que : « *Mon peuple est supérieur au tien* **».**

Mais Jésus a dit que chaque humain est une image de Dieu.

Ou le mensonge prétendant que « *Le pouvoir s'obtient par la force* **».**

Tandis que Jésus enseignait que le vrai pouvoir requiert des sacrifices et la générosité.

Ou encore le mensonge disant que la paix passe par la violence.

<u>Alors que la paix réside dans l'amour et le don de soi.</u>

C'est une humanité d'un nouveau genre. Oui. Une humanité transformée par la vie de Dieu et son amour.

Et Jésus n'a pas seulement parlé de ses idéaux. Il les a démontrés par sa vie.

Oui, exactement, il a manifesté le royaume des cieux à Jérusalem pour renverser les dominations. En fait, c'est pour cette raison qu'il a été arrêté.

Peut-être que la voix de Jésus ne peut pas vaincre le mal mais, du point de vue de Jésus, sa mort à venir était en réalité un combat. Pas contre les humains mais contre le véritable ennemi : les dominations spirituelles qui nous asservissent par le mensonge. Jésus a donné sa vie en laissant le Mal se vider de toute sa puissance sur Lui. Mais l'amour de Dieu a le pouvoir de faire émerger la vie même de la mort.

C'est ce qui s'est passé quand Jésus est ressuscité des morts : et le Jésus ressuscité est humain, mais d'un nouveau genre. Quand les disciple de Jésus l'ont vu ressuscité, il avait un corps transformé, capable de vivre à la fois au ciel et sur la terre. Il est comme une nouvelle catégorie d'humains capables de vivre et de régner avec Dieu, toujours. Jésus est le précurseur de l'humanité nouvelle que nous sommes appelés à devenir. Il a dit que toute autorité dans le ciel ou sur la terre lui appartient. Puis il a envoyé ses disciples annoncer que la vie éternelle nous est accessible dans cette vie ici et maintenant.

Pouvons-nous expérimenter la vie éternelle maintenant ? Eh bien, Jésus a dit que **la vie éternelle c'est de connaître ce Dieu d'amour** afin que notre intelligence soit transformée alors que nous recevrons la liberté d'aimer et notre prochain.

Et nous croyons que même si nous mourons, l'amour de Dieu transformera nos corps et nous fera émerger dans la nouvelle création.

BIBLIOGRAPHIE ET SITOGRAPHIE

« *Sur la souffrance* » Teilhard de Chardin, Pierre, Éditions du Seuil, 1974

« *Le phénomène humain* » Teilhard de Chardin Pierre, Éditions du Seuil, 1970

« Livre de la Genèse » *La Bible*, AELF, Association Épiscopale Liturgique pour les pays Francophones, Ancien testament, (Genèse 2 : 7)

« Livre des Psaumes, » *La Bible*, AELF, Association Épiscopale Liturgique pour les pays Francophones, Ancien testament, (Psaume 8 : 2-10)

(https://fr.wikipedia.org/wiki/Guerre_Isra%C3%ABl-Hamas_de_2023-2024#:~:text=Les%20bombardements%20sur%20Gaza%20tuent,000%20personnes%20sont%20port%C3%A9es%20disparues.) au 9 février 2024.

« Livre de la Genèse » La Bible, AELF, Association Épiscopale Liturgique pour les pays Francophones, Ancien testament, (Genèse 6 : 1 -7)

LES ANGES

L'auteur a obtenu un diplôme universitaire en pédagogie
et un autre en langues modernes,
afin d'enseigner les langues anglaises et françaises
ainsi que la littérature française dans les lycées.
Ce livre a été inspiré de ses observations au cours de son existence,
de ses voyages et de sa profession d'enseignante.

yes

I want morebooks!

Buy your books fast and straightforward online - at one of world's fastest growing online book stores! Environmentally sound due to Print-on-Demand technologies.

Buy your books online at
www.morebooks.shop

Achetez vos livres en ligne, vite et bien, sur l'une des librairies en ligne les plus performantes au monde!
En protégeant nos ressources et notre environnement grâce à l'impression à la demande.

La librairie en ligne pour acheter plus vite
www.morebooks.shop

Printed by Books on Demand GmbH, Norderstedt / Germany